MARRAKECH

Cartoville Gallimard

W0224060

Bienvenue à Marrakech !

Une carte générale de la ville pour visualiser les 6 grands quartiers développés dans le guide. Toutes les informations pratiques, les bons plans et les conseils pour vivre au rythme de la ville.

Découvrir Marrakech à travers ses 6 grands quartiers

A Jemaâ-el-Fna / Riads Zitoun

B Souks

C Ben Youssef / Sidi Bel Abbès / Debbaghine

D Kasbah / Mellah

E Bab Doukkala / Guéliz

F Hivernage / Ménara

Pour chaque quartier, une sélection d'adresses (restaurants – classés par ordre croissant de prix –, cafés, bars, boutiques), un choix de sites et de monuments précédés d'une étoile (★) et une carte pour repérer chaque lieu grâce au carroyage (**A** B2).

Transports et hôtels à Marrakech

Une carte des transports et toutes les informations utiles pour se déplacer dans la ville. Une sélection d'hôtels classés par gamme de prix.

Index

Classés par ordre alphabétique et repérables grâce au carroyage (**A** B2), les rues de Marrakech et les monuments et les lieux de visite traités dans l'ouvrage.

Zaouias

Souvent centre d'une confrérie religieuse, la zaouia est le mausolée d'un saint, qui selon la croyance populaire serait seulement endormi. Au XVIIIe s., le sultan Moulay Ismaïl instaure la *ziara*, pèlerinage des 7 saints : on se recueille chaque jour dans l'une des zaouias. Mar. : Zaouia Sidi Youssef Ben Ali ; mer. : Zaouia Qadi Ayad ; jeu. : Zaouia Sidi Bel Abbès ; ven. : Zaouia Sidi Ben Slimane el Jazouli ; sam.: Zaouia Sidi Abd el Aziz ; sam. : Zaouia Moul el Ksour et lun. : Zaouia Sidi es Soheïli.

REMPARTS

Mai
Fête du travail
→ *1er mai*
Jour férié.
Fête nationale
→ *23 mai*
Jour férié : discours du roi.
Aïd el Mouloud
→ *1er mai 2004, 20 avr. 2005*
Anniversaire de la naissance du Prophète : grands *moussems* (fêtes) avec fantasias et musiciens dans les villages voisins de Moulay Brahim et Tameslohte.
Juin
Festival national du folklore marocain
→ *Palais el Badi*
Musique *gnaoua*, chants et danses de l'Atlas.
Juillet
Palmeraie festival
→ *Tél. 044 44 30 10 Juil.-août*
Rire et musique à l'honneur dans ce festival.
Fête du trône
→ *27 juil.*
Jour férié, anniversaire de la montée sur le trône de Mohammed VI.
Août
Allégeance au Ouadi Eddahab
→ *14 août*
Jour férié : discours du roi.
Anniversaire de la Révolution
→ *20 août*
Jour férié : discours du roi et défilé dans les rues.
Moussem de Setti Fatma
→ *Mi-août, vallée de l'Ourika*
Grande fête populaire.
Septembre
Festival international du film de Marrakech
Octobre
Ramadan
→ *25 oct.-fin nov. 2003, 14 oct.-mi-nov. 2004, 3 oct.-début nov. 2005*
Novembre
Anniversaire de la Marche verte
→ *6 nov.*
Jour férié : discours du roi.
Fête de l'Indépendance
→ *18 nov.*
Jour férié : discours du roi pour commémorer le retour d'exil de Mohammed V.

Budget

Logement
100 Dh pour une chambre double rudimentaire, à partir de 500 Dh pour un *riad* de charme.
Restaurants
Taxes et service ne sont pas toujours inclus dans les prix affichés sur les cartes.
Musées
Une entrée environ 10 Dh.
Sortir
Une entrée dans un night-club : 150 Dh avec une consommation offerte.

Horaires

Religion
5 fois par jour, le muezzin appelle à la prière : au lever du soleil, à 12h et 14h selon les disponibilités, à 16h, au coucher du soleil et enfin

Architecture

La sobre architecture hispano-mauresque est le fruit de la rencontre entre traditions arabes et andalouses. Élue ville impériale, soit capitale du royaume sous 3 dynasties, Marrakech l'illustre superbement :
Dynastie almoravide 1055-1144
Simplicité et robustesse : la Qobba almoravide **(C** C4) et les premiers remparts.
Dynastie almohade 1130-1269
Dépouillement et sobriété : la Koutoubia **(A** A3), la Kasbah **(D)** et le réservoir de la Ménara **(F** A4).
Dynastie saâdienne 1525-1659
Faste et magnificence : le palais el Badi **(D** C1), les tombeaux saâdiens **(D** B1) et la medersa Ben Youssef **(C** C4).

Lexique

Dar : petite maison traditionnelle bâtie autour d'un patio.
Fondouk : caravansérail, à la fois auberge et entrepôt de marchandises.
Minbar : chaire à prêcher de l'imam.
Moucharabieh : grille en bois sculpté placée devant les fenêtres.
Riad : grande maison traditionnelle avec un jardin dans le patio.
Tadelakt : enduit mural de pigments et de chaux.
Zelliges : mosaïque de carrés, de losanges et d'étoiles taillés dans de la céramique émaillée.

AU DÉTOUR D'UNE RUE

CARTE DE VISITE

- Capitale du sud
- 3e ville du pays
- 1,5 million d'hab.
- Hiver : 12 °C ; été : 38 °C ; printemps / automne : 25 °C
- 10 dirham (Dh) = 1 €
- Heure GMT : -1h / France (-2h en été)

TERRASSES MARRAKCHIAS

INTERNET

Le Maroc en ligne
→ *www.ambafrance-ma.org*
Site de l'ambassade de France : modalités de séjour, visas, tourisme.
→ *www.moroccoweb.com*
Portail avec informations touristiques sur différentes villes.
→ *www.marocnet.net.ma*
Portail sur la presse, la culture et l'actualité marocaine.

Cybercafés
→ *15-20 Dh/h*
Cyber Atlas (**A** B3)
→ *Rue Bab Agnaou, Kissaria Essalam Tlj. 8h30-0h*
Cyber Ichbilia (**A** B3)
→ *Rue Bab Agnaou, à côté de l'hôtel Ichbilia Tlj. 9h-23h*
Cyber Behja (**A** B3)
→ *Rue Bani Marine Tlj. 9h-23h*
Passage Ghandouri (**E** B3)
→ *Passage Ghandouri, rue de Yougoslavie / bd Zerktouni*
4 cybercafés.

TÉLÉPHONE

France-Maroc
→ *00 212 + n° de tél. à 8 chiffres (sans le 0)*
Maroc-France
→ *00 33 + n° de tél. sans 0*
Entre 2 régions différentes au Maroc
→ *0 + n° de tél. à 8 chiffres*

Téléboutiques
Une enseigne bleue signale ces petites boutiques pour téléphoner.

Numéros utiles
Renseignements
→ *Tél. 160*
Consulat de France
→ *Tél. 044 38 82 00*
Police
→ *Tél. 19*
Pompiers
→ *Tél. 15*
Pharmacie de garde
→ *Rue Khalid ben el Oualid* (**E** F3) *Tél. 044 43 04 15*
→ *Place Jemaâ-el-Fna* (**A** B2) *Tlj. 24h/24*
SOS Médecins
→ *Tél. 044 40 40 40*
Urgences médicales
→ *Tél. 044 44 79 99*

INFORMATIONS TOURISTIQUES

ONMT : Office national marocain de tourisme (**E** B3)
→ *Place Abdel Moumen Ben Ali Tél. 044 43 61 31 Tlj. 8h30-12h, 14h30-18h30 (été et ramadan tlj. 9h-15h)*

GRIT : Groupement régional d'intérêt touristique (**E** B3)
→ *170, bd Mohammed V Tél. 044 43 08 86 Lun.-ven. 8h30-18h30, sam. 8h30-12h*

ORIENTATION

Si toutes les rues ont un nom, leurs panneaux sont souvent absents... De ces rues, s'échappent des *derbs* (impasses). Ainsi les adresses comportent le nom de la rue et celui du *derb*. Ne pas hésiter à demander son chemin.

CALENDRIER

Janvier
Jour de l'an
Fête et feux d'artifice.
Manifeste de l'Indépendance
→ *11 jan.*
Jour férié : discours du roi.

Février
Aïd el Kebir
→ *1er fév. 2004, 21 jan. 2005*
La fête du Sacrifice : où l'on tue le mouton.

Mars
Nouvel An musulman
→ *22 fév. 2004, 11 fév. 2005*
Fête et début du pèlerinage à la Mecque.
Achoura
→ *Le 10e j. du 1er mois*
Percussions, feux de joie et couscous familiaux.
Zemzem
→ *Le 10e j. du 1er mois*
Les enfants se réjouissent dans des jeux d'eau.

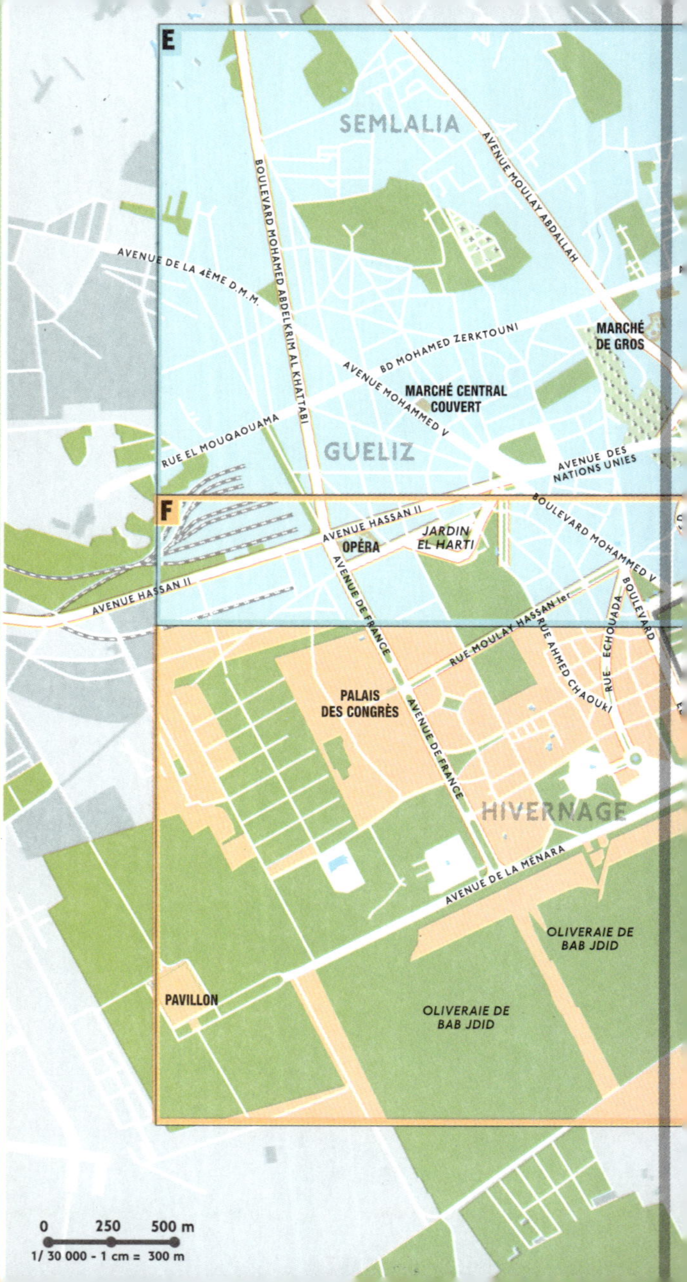
E
SEMLALIA
BOULEVARD MOHAMED ABDELKRIM AL KHATTABI
AVENUE MOULAY ABDALLAH
AVENUE DE LA 4ÈME D.M.M.
BD MOHAMED ZERKTOUNI
MARCHÉ DE GROS
AVENUE MOHAMMED V
MARCHÉ CENTRAL COUVERT
RUE EL MOUQAOUAMA
GUELIZ
AVENUE DES NATIONS UNIES
F
BOULEVARD MOHAMMED V
AVENUE HASSAN II
JARDIN EL HARTI
OPÉRA
AVENUE DE FRANCE
BOULEVARD
RUE ECHOUADA
RUE MOULAY HASSAN Ier
RUE AHMED CHAOUKI
PALAIS DES CONGRÈS
HIVERNAGE
AVENUE DE LA MÉNARA
OLIVERAIE DE BAB JDID
PAVILLON
OLIVERAIE DE BAB JDID
0 250 500 m
1/ 30 000 - 1 cm = 300 m

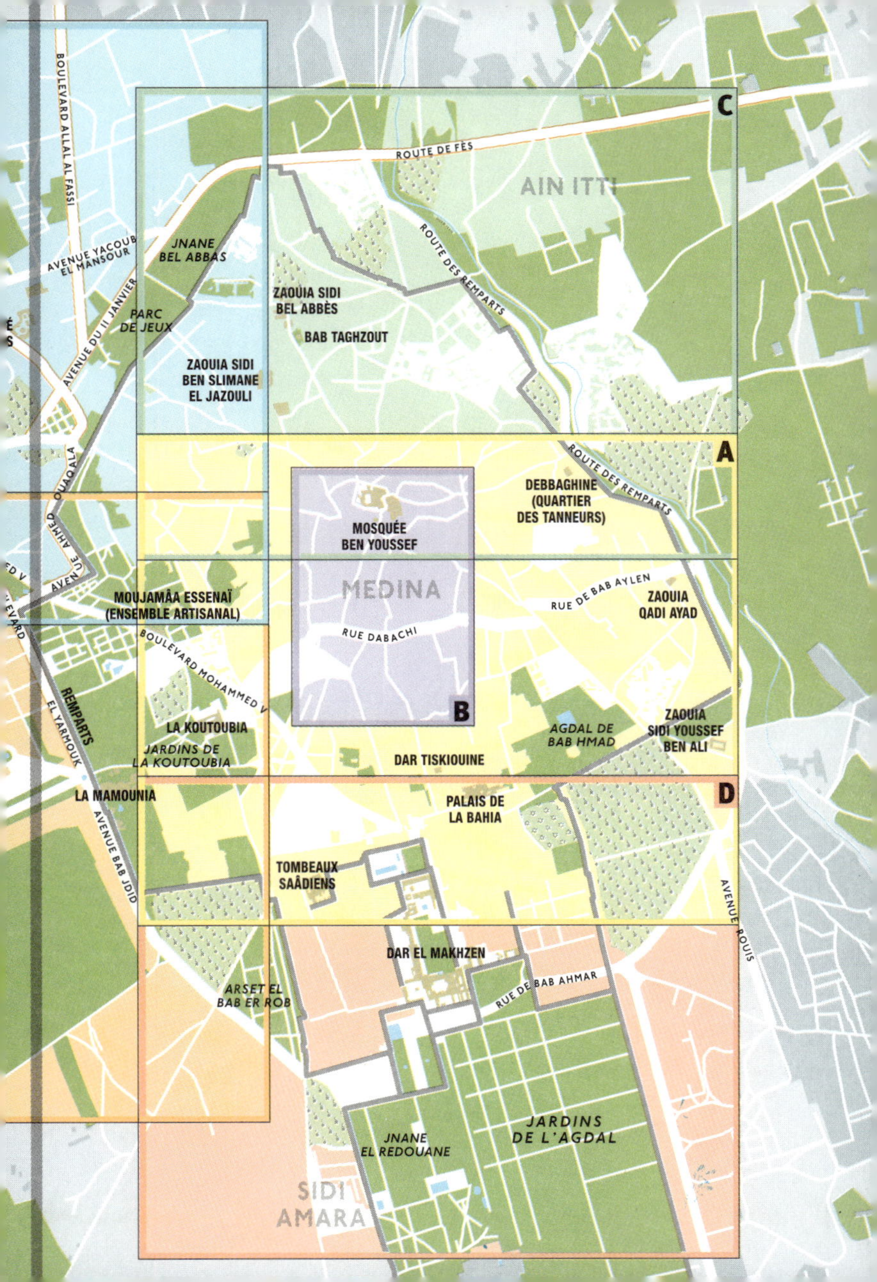

C
ROUTE DE FÈS
AIN ITTI
BOULEVARD ALLAL AL FASSI
AVENUE YACOUB EL MANSOUR
JNANE BEL ABBAS
ZAOUIA SIDI BEL ABBÈS
ROUTE DES REMPARTS
BAB TAGHZOUT
AVENUE DU II JANVIER
PARC DE JEUX
ZAOUIA SIDI BEN SLIMANE EL JAZOULI
A
ROUTE DES REMPARTS
DEBBAGHINE (QUARTIER DES TANNEURS)
MOSQUÉE BEN YOUSSEF
MEDINA
AVENUE AHMED OUAQALA
MOUJAMÂA ESSENAÏ (ENSEMBLE ARTISANAL)
RUE DE BAB AYLEN
ZAOUIA QADI AYAD
RUE DABACHI
BOULEVARD MOHAMMED V
B
REMPARTS
EL YARMOUK
LA KOUTOUBIA
JARDINS DE LA KOUTOUBIA
AGDAL DE BAB HMAD
ZAOUIA SIDI YOUSSEF BEN ALI
DAR TISKIOUINE
LA MAMOUNIA
D
PALAIS DE LA BAHIA
AVENUE BAB JDID
TOMBEAUX SAÂDIENS
AVENUE ROUIS
DAR EL MAKHZEN
RUE DE BAB AHMAR
ARSET EL BAB ER ROB
JARDINS DE L'AGDAL
JNANE EL REDOUANE
SIDI AMARA

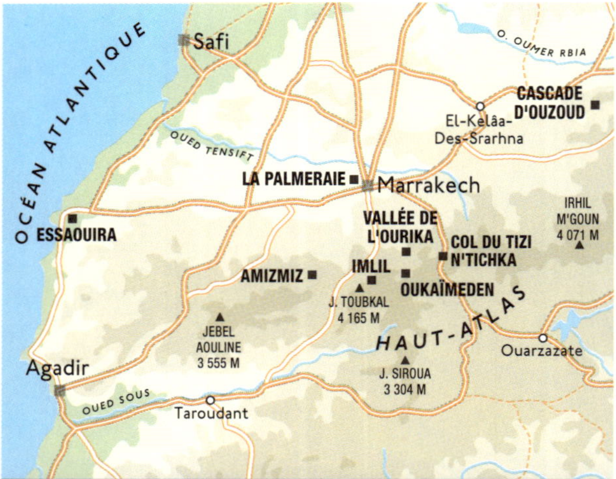

ÉCHAPPÉES

Les mythiques calèches vertes pour découvrir la ville, au rythme cadencé du trot des chevaux.

LOISIRS

Tennis

Royal Tennis Club (F C1)
➔ *Rue Oued el Maghazine*
Tél. 044 43 19 02
Tlj. 7h-22h 100 Dh/h
7 cours, une piscine pour les adhérents et un club-house avec bar, restaurant et café.

Golf

Palmeraie Golf palace
➔ *Palmeraie*
Tél. 044 30 10 10
Frais et ombragé.

Golf Amelkis
➔ *Palmeraie*
Tél. 044 44 92 88
Un 18 trous avec piscine et vue sur l'Atlas.

Royal Golf Club
➔ *Palmeraie*
Tél. 44 40 98 98
Le plus chic et le plus cher.

Quad
➔ *Lac du barrage Lalla Takerkoust Tél. 044 48 52 70*
1 500 Dh/j. repas et transport
Raid découverte dans les contreforts de l'Atlas.

Équitation

Club équestre du Palmeraie Golf Palace
➔ *Palmeraie*
Tél. 044 30 10 10

L'Atlas à cheval
➔ *Lac du barrage Lalla Takerkoust Tél. 063 61 53 39*
800 Dh/j. repas et transport
Au pied de l'Atlas, balades et randonnées (débutants et confirmés).

Piscines

Hôtel Tazi (A B3)
➔ *Rue Bab Agnaou / av. Houmman el Fetouaki*
Tél. 044 44 27 87
Tlj. 9h-19h Entrée 50 Dh

Hôtel Oudaya (E B3)
➔ *147, rue Mohammed el Beqal Tél. 044 44 85 12*
Tlj. 9h-19h Entrée 60 Dh
Piscine, hammam et sauna.

Complexe sportif Targa (E A2 hors cadre)
➔ *Massira 2 route Souihla Targa Tél. 044 34 05 62*
Piscine, sauna, tennis.

MOTS COURANTS

Prononciation
GH : Jota espagnole
KH : R français
R : R fortement roulé
Q : explosion gutturale

Quelques mots
Sebah el kheir : bonjour
Msa el kheir : bonsoir
Salamalekoum / Malekoumsalam : que la paix soit avec vous
Labès : ça va bien
Min fadlek : s'il vous plaît
Choukrane : merci
Bismillah : au nom d'Allah (avant de manger, prier)
Hamdoulillah : qu'Allah soit loué !
Ouagha : d'accord
Ayyah : oui
Lâ : non
Chouf : regarde !

ESCAPADES

Nord

La Palmeraie
➔ *À 6 km, route de Casablanca*
Issue, selon la légende, des noyaux de dattes jetés par les soldats almoravides (XIIe s.). Les palaces envahissent ses 12 000 ha plantés de 150 000 palmiers.

Est

Cascades d'Ouzoud
➔ *À 170 km*
L'oued Méhasseur chute ici de 110 m de haut. Spectaculaire !

Sud

Route du Tizi N'Tichka
➔ *À une centaine de km*
Paysages fabuleux, col à 2 260 m et détour par la kasbah de Telouet.

Vallée de l'Ourika
➔ *À 40 km*
Une vallée verdoyante qui mène au village berbère de Setti Fatma.

Oukaïmeden
➔ *À 74 km*
Station de ski à 2 600 m dans l'Atlas (déc.-avr.).

Imlil
➔ *À 60 km au sud*
Un village berbère à 1 700 m, départ des excursions pour le Jbel Toubkal. Sur la route, halte au village d'Asni.

Amizmiz
➔ *À 70 km*
Un village sur les pentes du Jbel Erdouz. En chemin, le lac du barrage Lalla Takerkoust.

Ouest

Essaouira
➔ *À 170 km*
Héritage portugais, la ville corsaire aux ruelles blanches et bleues et aux remparts balayés par le vent de la mer.

CUISINE

Briouate : pâtisserie aux amandes, miel et fleur d'oranger. Parfois salée.
Couscous : plat de fête, à goûter dans une famille.
Harira : soupe épaisse et épicée de lentilles.
Kefta : boulettes de viande hachée.
Tangia : viande et épices cuites à l'étouffée dans une jarre dans le four des hammams.
Tajine : viande, ou poisson, accompagnés de légumes ou de fruits mijotés dans le plat conique du même nom.
Pastilla : tourte en feuilles de brick aux pigeons et aux amandes.

FANTASIA DU MOUSSEM DE TAMESLOHTE

GUERRAB OU PORTEUR D'EAU

À LA FONTAINE

2h après le coucher du soleil. Le vendredi, jour de la grande prière, fermeture de 11h15 à 15h ou bien toute la journée.

Banques
→ *Lun.-jeu. 8h30-12h, 14h30-16h ; ven. 8h30-11h15, 15h-16h (été et ramadan : lun.-jeu. 9h-15h ; ven. 9h-11h15)*

Poste centrale (E C4)
→ *Place du 16 Novembre Tél. 044 43 09 77 Lun.-ven. 8h30-12h, 14h30-16h*

Souks
→ *Sam.-jeu. 9h-19h ; ven. 9h-11h15, 15h-19h (certaines boutiques sont fermées)*

Boutiques ville nouvelle
→ *Lun.-sam. 9h30-12h30, 15h30-19h30*

Musées
En général tlj. 9h-18h

SHOPPING

Marchandage
Une pratique qui fait partie de l'art de vivre au Maroc. Acheter sans marchander risque souvent de vexer le commerçant et d'annuler le rituel du thé à la menthe ! À savoir : les guides prennent une commission sur le prix négocié.

Supermarchés
Marjane
→ *Route de Casablanca, Tél. 044 31 37 24 Tlj. 9h-22h*
Immense hypermarché : alimentation, vins marocains et alcools.

PRESSE

Presse internationale
Kiosque face au marché couvert du Guéliz (**E** C3)
→ *Bd Mohammed V*
Kiosque face à l'hôtel CTM (**A** B2)
→ *Place Jemaâ-el-Fna*
Librairie El Ghazali (**A** B2)
→ *Rue Bab Agnaou*

Presse marocaine francophone
Les 4 quotidiens les plus lus : *Le Matin*, *L'Opinion*, *Libération*, *Al-Bayane*.

SPECTACLES

Dîners spectacles
Chez Ali
→ *Palmeraie, route de Casablanca Tél. 044 30 77 30*
Toutes les spécialités au rythme des danses, contes et fantasias... Grandiose !

Cinéma Le Colisée (E B3)
→ *Bd Zerktouni Tél. 044 44 88 93 Tlj. séances 15h, 19h, 21h*

Institut culturel français (E A2 hors cadre)
→ *Route de Targa Tél. 044 44 69 30*
Programme au Musée de Marrakech et à Dar Bellarj (**D** C4), à l'office de tourisme (**E** B3), au cinéma Le Colisée (**E** B3).

MARRAKECH AUTREMENT

Guides
→ *60 Dh/demi-journée, 120 Dh/j.*
Les guides officiels recrutés par l'Office national marocain de tourisme portent une djellabah blanche et une plaque numérotée.

À vélo
Sans pentes ni côtes, la ville se découvre facilement à 2 roues. Attention à la circulation !

Location de vélos (**A** B3)
→ *51, rue Sidi Benadat, rue Bab Agnaou Tlj. 9h-20h 10 Dh/h., 50 Dh/j.*
Vélos et VTT.

Hôtel Ali (**A** B3)
→ *Rue Moulay Ismaïl Tél. 044 44 49 79 30 Dh/demi-journée, 40 Dh/j.*

Marrakech Motos (**E** A1 hors cadre)
→ *31, route de Casablanca Tél. 044 44 83 59 Tlj. 8h30-19h 20 Dh/demi-journée, 30 Dh/j.*
Vélos et motos.

Tour des remparts en calèche
→ *Place Jemaâ-el-Fna / Bab Doukkala / hôtels 80 Dh/h*

DAR SI SAÏD

DAR TISKIOUINE

PALAIS DE LA BAHIA

★ La Koutoubia (A A3)
→ *Tél. 044 43 62 39 Accès interdit aux non-musulmans*
Emblème et sentinelle de la ville aux portes du désert, la “mosquée des libraires” (1147), œuvre d’Abd el Moumen, doit son nom au souk des manuscrits qui l’entourait jadis. Son majestueux minaret (77 m), cinq fois plus haut que large, consacre les canons esthétiques almohades : série d’arcs festonnés, polylobés et à lambrequins, bandeau de faïence turquoise et entrelacs de motifs floraux et géométriques.

★ Place Jemaâ-el-Fna (A B2)
Vibrante, fumante, ensorcelante, la place de l’“assemblée des morts”, jadis lieu des exécutions publiques, devenue le théâtre de traditions populaires ancestrales et classée “patrimoine oral de l’humanité” par l’Unesco. Quand le jour décline, une foule dense et colorée se presse en cercles serrés autour des acrobates, conteurs, guérisseurs, charmeurs de serpents, danseurs et musiciens *gnaouas*. Un vrai parfum d’Afrique qui laisse au bord de l’envoûtement !

★ Zaouia Moul el Ksour (A B2)
→ *Rue el Ksour Accès interdit aux non-musulmans Pèlerinage sam.*
Une vaste esplanade silencieuse devant le sanctuaire de l’un des sept saints de la ville, Sidi el Ghezouani (XVIe s.) appelé aussi Moul el Ksour. Les vieilles diseuses de bonne aventure viennent invoquer la baraka.

★ Fondouks de Bab Fteuh (A B2)
→ *Place Bab Fteuh*
Quatre caravansérails, anciennes auberges devenues boutiques : fruits et légumes secs au *fondouk* Moulay Mustap[ha], poteries et bijoux au *fondouk* Louarzazi, antiquités au *fondouk* el Fatmi, métaux et cuivres au *fondouk* n° 31. Les ânes croulent sous [de] lourds ballots en attend[ant] les marchands qui s’éternisent en palabres interminables. Delacroix n’est pas loin !

★ Riads Zitoun (A C3)
→ *Rue Riad Zitoun el Kdim, rue Riad Zitoun Jdid*
Rose, rouge et ocre, Riad Zitoun el Kdim (le vieux) et Riad Zitoun Jdid (le nouveau), deux quartier[s] où se dévide un échevea[u] inextricable de *derbs*.

A

Jemaâ-el-Fna / Riads Zitoun

Sous la silhouette élancée de la Koutoubia, vibrent les pulsations de Jemaâ-el-Fna, cœur de la ville et porte ouverte sur l'Afrique. Dans la fumée des gargotes, le halo des lampes à gaz aimante les badauds, ensorcelés par les bonimenteurs, écrivains publics, saltimbanques et autres marchands d'illusions. Au nord de la place, monte le bourdonnement confus des souks, tandis qu'à l'est s'enroule, dans des quartiers populeux, un méandre de *derbs* anonymes et secrets. Au sud, les Riads Zitoun, labyrinthe de ruelles roses aux murs aveugles, dissimulent de splendides palais devenus musées.

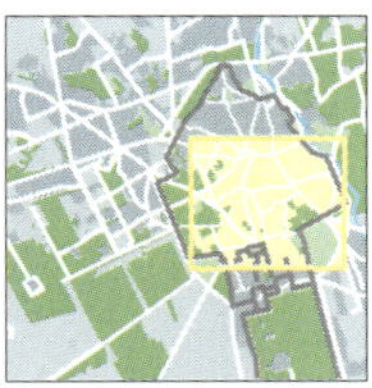

CHEZ CHEGROUNI

L'ÉTOILE

RESTAURANTS

Snack el Baraka (A B3)
→ Rue de la Koutoubia
Tél. 066 57-22-17 Tlj. 6h-22h
Un petit snack sans prétention où l'on savoure, en rang d'oignon au comptoir ou serrés à l'étage, côtelettes, *keftas* et brochettes qui grillent sous l'œil attentif du patron. Plat 20-40 Dh.

Haj Brik (A B3)
→ Rue Bani Marine
Tlj. 11h-23h
Une institution de la ville qui ne désemplit jamais : il faut arriver tôt pour trouver une place sur les banquettes usées ! Olives, salade de tomates, saucisses et autres grillades à manger avec les doigts ! 10 Dh les 100 g de viande.

Chez Chegrouni (A C2)
→ Place Jemaâ-el-Fna / rue des Banques
Tlj. de l'aube à 23h
Aux premières loges pour assister à l'incessant défilé de calèches et de taxis ! Sur un papier qui fait office de serviette, on prend soi-même la commande : tajine et couscous du jour. 35 Dh.

Mabrouka (A B3)
→ Rue Bab Agnaou
Tél. 044 44 24 26 Tlj. 7h-0h
Dans la rue piétonne, un balcon tout en longueur d'où l'on observe sans être vu les allées et venues des Marrakchis. À déguster : pizzas, pâtes, paninis et salades fraîches. À partir de 60 Dh.

Dar Mimoun (A C3)
→ 1, derb Ben Amrane Accès rue Riad Zitoun el Kdim Tél. 044 44 33 48
Tlj. 9h-23h
Dans cet ancien palais du pacha el Glaoui, un décor à la limite du kitsch qui n'enlève rien à la magie des lieux. Aux chandelles sous le figuier du patio, délicieuse cuisine marocaine à prix tout doux et service d'une rare gentillesse. Menu 100 Dh.

Ksar Es Saoussan (A B2)
→ 3, derb el Massaoudyenne
Accès rue el-Ksour
Tél. 044 44 06 32
Lun.-sam. 20h Sur rés.
Pas question de dîner ici sans avoir fait le tour du propriétaire ! Dans l'intimité de ce ravissant *dar* restauré fidèlement, une savoureuse cuisine traditionnelle sur fond de Bach ou Haydn. Menu 300 Dh vin inclus.

Le Tobsil (A B2)
→ 22, derb Abdellah Ben Hassaien, Bab Ksour

KOUTOUBIA

PLACE JEMAÂ-EL-FNA

ÉMA EDEN

LA MAISON DU TISSAGE

SOUK DES POTIERS

Tél. 044 44 40 52
Mer.-lun. 19h30 Sur rés.
Des plats aux saveurs subtiles, mitonnés dans les règles de l'art : menu unique selon le marché du jour. Farandoles de salades, *briouates, pastillas,* tajines et pâtisseries accompagnées de l'envoûtante mélopée des musiciens *gnaouas*. Menu 550 Dh vin inclus.

SALONS DE THÉ, CAFÉS, BAR

Café Islane (A A2)
→ *279, bd Mohammed V*
Tél. 044 44 00 81 Tlj. 6h-23h
Pour un tête-à-tête avec la Koutoubia et ses jardins ! Sur la terrasse perchée en hauteur à l'abri du soleil, une brise légère emporte les klaxons du boulevard.

L'étoile (A B3)
→ *55, rue Bab Agnaou*
Tél. 044 44 19 52 Tlj. 6h-0h
Un effluve de thé à la menthe salue le chanceux qui déniche une table libre en terrasse dans le joyeux mélange de voyageurs et de Marrakchis plongés dans leurs journaux. Thé 8 Dh.

Café Glacier (A B6)
→ *Place Jemaâ-el-Fna*
Tél. 044 44 21 93
Tlj. 6h-22h30
La plus saisissante des vues sur Jemaâ-el-Fna, à contempler depuis la terrasse, prise d'assaut par les touristes dès les premières lueurs du couchant. Thé 8 Dh.

Ryad Tamsna (A C3)
→ *23, derb Zanka Daika*
Accès rue Riad Zitoun Jdid
Tél. 044 38 52 72 Tlj. 10h-19h
Dans un *derb* rose et rouge, un restaurant, salon de thé, librairie, galerie d'art et boutique de déco. Tout y est d'un goût exquis jusqu'à la terrasse qui embrasse une vue sur 360° ! Thé 25 Dh, déjeuner 230 Dh.

Bar Les Jardins de la Koutoubia (A B2)
→ *26, rue de la Koutoubia*
Tél. 044 38 88 00
Tlj. 18h30-0h
À deux pas de la fourmillante Jemaâ-el-Fna, dans un palace tout neuf, un luxueux bar feutré, tout de rouge vêtu, au bord d'une piscine bleu lagon. Cocktail à partir de 70 Dh.

CINÉMA

Cinéma Eden (A C2)
→ *Rue Riad Zitoun Jdid / rue des Banques Tlj. 15h, 18h, 21h Entrée 9 Dh*
Le plus vieux cinéma de Marrakech, haut en couleur avec ses strapontins en bois, son sol en béton et ses films populaires. Le spectacle est dans la salle !

SHOPPING

Pâtisserie des Princes (A B3)
→ *32, rue Bab Agnaou*
Tél. 044 44 30 33
Tlj. 8h-22h
Cornes de gazelles, *briouates*, *makrouts* aux dates, gâteaux aux noix et autres douceurs à déguster sur place ou à emporter. Des amandes et du miel à s'en coller les doigts ! 130 Dh le kg.

Mohamed Bel Khali (A C4)
→ *144, rue Riad Zitoun el Kdim Tlj. 9h-19h*
"Rien ne se perd, tout se récupère !" Tel pourrait être l'adage de cette petite échoppe de recyclage de pneus, transformés en miroirs, cadres, sacs ou seaux.

Bob Music (A C3)
→ *18, rue Goundafi Accès rue Riad Zitoun el Kdim*
Tél. 067 64 77 94 Tlj. 9h-19h
Après 3 marches, on pénètre dans l'antre d'Abderrahim, tapissée d'affiches et de photos de la Marrakech des années 1920, d'instruments de musique et de grigris. En tailleur sur le tapis, on se laisse bercer par les sons *gnaouas* et le temps file...

L'art nouveau (A C3)
→ *1, rue de la Bahia*
Tél. 044 42 74 68
Sam.-jeu. 8h-13h, 16h-19h
Estimé de tous ses confrères, le *maâlem* (maître) Brahim Ben Mohammed Bellout confectionne depuis 60 ans sacs, babouches, poufs et sandales. Le tout cousu main !

La maison du tissage (A C2)
→ *Znikhet Rahba*
Tél. 067 59 37 90 Tlj. 9h-19h
De chatoyantes étoffes qui dissimulent à peine les métiers à tisser sur lesquels les hommes fabriquent de longs coupons de *sabra,* soie végétale tirée de l'aloès. Prix en conséquence.

Souk des potiers (A F2)
→ *Bab Aylen / Bab Ghemat*
À côté du Souk Rbia
Tlj. 8h-20h
Alignées sous le soleil, des poteries de Tamegrout au vernis vert, de Safi aux dessins colorés, de Fès aux motifs traditionnels ou de Marrakech en terre cuite naturelle... À ne savoir que choisir !

De la place Jemaâ el-Fna à la medersa Ben Youssef, s'entremêle sous un tamis de roseaux un fascinant dédale de venelles bruissantes, encombrées d'échoppes aux mille et une odeurs. Des corporations qui régissaient jadis les souks, il ne reste que les noms, uniques points de repères de cette ville dans la ville, et quelques artisans perdus dans le bric-à-brac des bazars dont les marchands alpaguent les passants. Il faut se perdre dans les ruelles anonymes, à la périphérie des grands axes pour découvrir l'énorme ruche des peaussiers, vanniers ou ferronniers, au travail dans leurs ateliers.

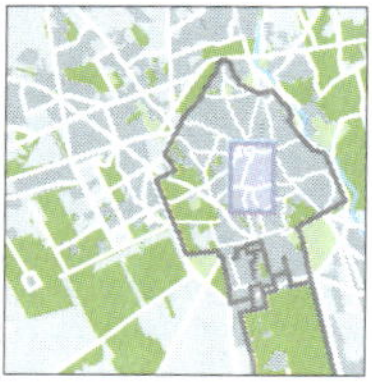

GARGOTE N° 29

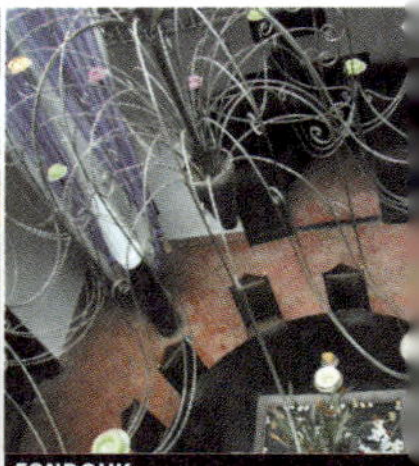

FONDOUK

RESTAURANTS

Mechoui Quessabine (B B5)
→ *Passage Chouaine derrière la mosquée Kharbouch Tlj. 11h-13h*
Des générations de Marrakchis l'ont sacré meilleur méchoui de la ville ! Doré pendant des heures dans le four à bois creusé dans le sol, on le dévore sur place, salé à point et emballé dans un papier. Un peu gras mais si fondant ! 10-20 Dh.

Gargote n° 29 (B A6)
→ *Place Jemaâ-el-Fna Tlj. 18h-0h*
Folklore local garanti dans les volutes de fumée, assis devant la toile cirée sous les loupiotes, tandis que les gargotiers hèlent dans toutes les langues de potentiels clients. Préférer les grillades aux salades, pas toujours de la dernière fraîcheur. 10-20 Dh.

Le Toubkal (B B6)
→ *Place Jemaâ-el-Fna / rue Riad Zitoun el Kdim Tlj. 6h30-0h*
Une jolie terrasse avec vue sur Jemaâ-el-Fna où bon nombre de touristes et de globe-trotters viennent poser leur sac pour goûter *harira,* brochettes, tajines et yaourts maison à la vanille ou à la fleur d'oranger. Repas 40 Dh.

N'zaha (B B6)
→ *Place Jemaâ-el-Fna / rue Riad Zitoun el Kdim Tél 067 85 14 50 Tlj. 24h/24*
Mais qu'y a t-il donc au "Pique-nique" pour retenir tant d'habitués ? Le rire de M. Bendriss, la musique *chaâbi* du vieux transistor, des crêpes croustillantes et des plats populaires épicés... On s'y éternise avec bonheur ! Plat 20 Dh.

Fondouk (B C1)
→ *55, rue Souk Ahl Fes, Kaat Benahid Tél. 044 37 81 90 Tlj. 19h30-0h*
Musique *lounge* et décoration résolument contemporaine pour ce lieu branché et atypique, ancien *fondouk* devenu restaurant. Une carte originale, entre Maroc et Provence. Et aussi, cocktail-tapas. Carte 250 Dh.

Le Marrakchi (B B5)
→ *52, rue des Banques / place Jemaâ-el-Fna Tél. 044 44 33 77 Tlj. 12h-15h, 19h30-22h30*
Sous un incroyable lustre-lanterne, zelliges délicats, tentures blanches et tables basses se font voler la vedette par une

GANA

CHEZ MUSTAPHA

FNAC BERBÈRE

vue à couper le souffle. Musiciens *gnaouas* et gastronomie marocaine à la mesure des lieux. Bar-tapas également. Menu 260-370 Dh.

CAFÉS

Dar Tim Tam (B C4)
→ *44, rue Znikhet Rahba*
Tél. 044 39 14 46 Tlj. 9h-21h
Au cœur des souks, dans le palais du vizir du sultan Moulay Hassan, une pause idéale dans le silence d'un patio blanc, troublé par quelques oiseaux cachés dans les géraniums et les rosiers.

Dar Chérifa (B A3)
→ *8, derb Cherfa Lakbir, Mouassine Tél. 044 42 64 63 Tlj. 9h-19h*
Au fond d'un *derb* obscur, une merveilleuse leçon d'architecture traditionnelle dans cette demeure du XVIe s., superbement reconvertie en café littéraire et galerie d'art. Coussins en terrasse, restauration légère et thé à la menthe.

Café de France (B B6)
→ *Place Jemaâ-el-Fna*
Tél. 044 44 13 19 Tlj. 5h-23h
Une vénérable terrasse datant du protectorat français d'où l'on regarde s'illuminer les mille et une lumières de Jemaâ-el-Fna tandis que monte le son perçant du *khaiss* des charmeurs de serpents.

Argana (B B2)
→ *1-2, place Jemaâ-el-Fna*
Tél. 044 44 53 50 Tlj. 5h-23h
Une envolée de terrasses, du rez-de-chaussée au 2e étage pour le dernier-né des cafés de Jemaâ-el-Fna. Cadre très léché et vue plongeante sur les acrobates et les gargotes. Délicieux milk-shake à l'avocat.

SHOPPING

Chez Mustapha (B B5)
→ *18, souk Ableuh*
Tlj. 8h-23h
S'il n'était grand, Mustapha disparaîtrait derrière des pyramides d'olives vertes, noires, roses, entières, fendues, concassées, marinées ou épicées... Et aussi, citrons confits, cornichons et piments en conserve.

Artisan du sud (B C3)
→ *100, rue Sidi Ishak*
Tél. 044 44 55 42
Tlj. 9h-20h
Dans la pénombre silencieuse de ce caravansérail, tout un monde de tapis. Rangés en colonnes vascillantes selon leurs régions d'origine, ils encombrent les escaliers, couloirs et recoins qui semblent mener vers un autre siècle. À négocier autour d'un thé à la menthe.

Kissaria Haj Abdeslam (B B2)
→ *Rue Chkaira*
Dans une ancienne *kissaria* (galerie à la charpente de bois), un choix infini de *djellabahs, gandouras, jabadors, cheichs* et même parures de danseuses du ventre ! Marchander fermement.

Le Feutrier (B B2)
→ *53, souk Labadine*
Dans sa minuscule échoppe surélevée, le feutrier est à la tâche : laine de mouton, savon noir et pigments colorés pour des sacs en feutre tout doux, de plus en plus tendance dans les capitales européennes !

Maître de la céramique (B A3)
→ *17, souk Sebbaghine*
Tél. 044 42 75 17 Tlj. 8h-20h
Brillantes et polies comme des galets, des créations de poterie en *tadelakt,* l'enduit traditionnel des murs des *riads,* à base de pigments et de chaux vive. Vaisselle, cendriers, bougeoirs, chandeliers, pieds de lampes et cadres. À partir de 30 Dh.

Fnac berbère (B A4)
→ *64, rue Souikat Laksour*
Tél. 044 44 34 17 Tlj. 9h-20h
Incongrue au milieu des souks, l'enseigne la plus photographiée de Marrakech ! Dans cette librairie exiguë, une pionnière créée en 1941, une multitude de beaux livres sur le Maroc : photographie, peinture, architecture, cuisine, récits de voyages.

Beldi (B A4)
→ *9-11, rue Souikat Laksour*
Tél. 044 44 10 76
Tlj. 9h-13h, 16h-19h30
Taillés, cousus et brodés main dans des tissus de lin et de soie végétale, robes, *caftans,* chemises et ensembles aux coupes adaptées au goût occidental. Une adresse confidentielle et des prix haute couture. À partir de 400 Dh.

L'Ourika (B B4)
→ *77, derb Deffa Ouarba / rue Semmarine*
Tél. 044 44 09 65
Sam.-jeu. 9h-20h ; ven. 9h-11h, 15h-20h
Ici, les Marrakchia fortunées et chic se retrouvent pour commander sur mesure leurs plus somptueuses parures de fête. Pour le plaisir des yeux, loin de la camelote des bazars !

Ben Youssef, centre spirituel, intellectuel et religieux de la ville depuis des siècles, vit toujours à travers sa mosquée, sa medersa et le musée de Marrakech. Au nord jusqu'à Sidi Bel Abbès, s'étirent des quartiers pauvres mais joyeux et colorés, sans circuits tracés ni même de gargotes où s'arrêter. Fontaines secrètes, vieux *fondouks* transformés en ateliers, rues marchandes et *derbs* sinueux où les gamins jouent à cache-cache : ici s'écoule la vie quotidienne des Marrakchis, indifférents aux rares touristes égarés. À l'est, dans les ruelles populaires, montent les relents d'odeur de Debbaghine, le quartier des tanneurs.

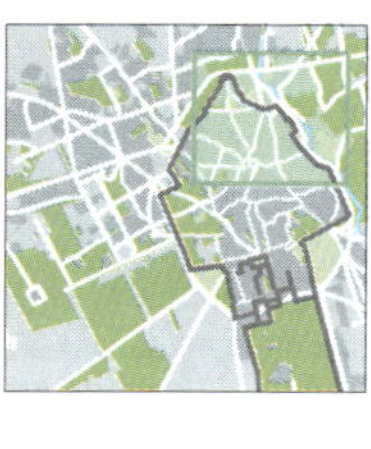

CHEZ MUSTAPHA

DAR MOHA

RESTAURANTS

Chez Mustapha (C C4)
→ *Gargote n° 298, souk Talaa Tlj. 11h-16h*
Toujours comble, la cantine des souks où, au coude-à-coude avec les artisans, on se régale de savoureuses grillades cuites au feu de bois et de délicieux tajines gardés au chaud sur des braseros. 25 Dh.

Dar Fez (C A3)
→ *8, rue Boussouni Accès rue el Gza Tél. 044 38 23 40 Tlj. 20h-0h*
Un patio blanc et bleu où s'envolent les notes des mélodies *gnaouas* et arabo-andalouses. Pour se délecter de *pastilla* aux pigeons et de tajine aux courgettes et au thym, cuisinés à la façon de Fès. Menu 480 Dh.

Le Pavillon (C A4)
→ *47, derb Zaouia, Bab Doukkala Tél. 044 38 70 40 Mer.-lun. 20h Sur rés.*
La meilleure table française de Marrakech. Escalope de foie gras chaud aux mangues, ravioles de homard, médaillon de lotte aux cèpes et soufflé au chocolat, à savourer dans le patio, à la lueur des bougies. Carte 450 Dh.

Dar Moha (C A4)
→ *81, rue Dar el Bacha Tél. 044 39 64 00 Mar.-dim. 12h-15h, 19h30-0h*
Au bord de la piscine de l'ancien *riad* du couturier Pierre Balmain, une nouvelle cuisine marocaine tout en finesse et légèreté : serpentins de légumes, *pastilla* de lotte et briques aux fraises. Menu 420 Dh, carte 350 Dh.

Le Yacout (C A3)
→ *79, rue Sidi Ahmed Soussi Tél. 044 38 29 29 Mar.-dim. 20h Sur rés.*
Un féerique palais du XVIIe s. abrite le "Saphir" : plafonds de cèdre ciselé, bassin illuminé, lanternes et bougies. L'adresse la plus renommée de Marrakech aiguise les papilles des V.I.P. et des stars du monde entier : épaule d'agneau vapeur, *pastilla* au lait et aux amandes. Menu 700 Dh, vin inclus.

CAFÉ

Café du Musée de Marrakech (C C4)
→ *Place Ben Youssef Tél. 044 38 99 75 Tlj. 9h-18h*
Dans la cour du musée, fraîcheur, calme et verdure sous les parasols écrus et les arcades

É DU MUSÉE DE MARRAKECH

EL ALAOUI MOULAY AHMED

SOUK EL KHEMIS

blanchies à la chaux. Une halte exquise pour se désaltérer d'un thé à la menthe.

HAMMAM

Hammam Eddahab (C C4)
→ *Derb Zaouiat Lakhdar Hommes : tlj. 5h-12h, 20h-oh / femmes : tlj. 12h-20h*
Dans une atmosphère ouatée, une coupole percée de rais de lumière et des salles froide, tiède et chaude. Serviette, savon et gant de gommage pour se débarrasser de la poussière des *derbs* ! Acheter chaussures et tapis en plastique dans les souks. Entrée 6 Dh, gommage 30 Dh.

SHOPPING

La Qoubba Galerie (C C4)
→ *91, souk Talaa*
Tél. 044 38 05 15 Tlj. 8h-20h
Que la façade de mauvais goût ne trompe pas le promeneur ! Sur deux étages, calligraphie, sculpture et peinture, au gré des expositions d'artistes marocains tout jeunes ou déjà reconnus. Coups de cœur en perspective ! À partir de 200 Dh.

Mohamed Ahmouchi (C C4)
→ *48, place Ben Youssef*
Tél. 044 44 57 93
Tlj. 8h-13h, 15h-18h
De savants motifs géométriques ou de larges entrelacs floraux sur les guéridons, tables, portes, miroirs et *moucharabiehs*, sculptés dans le bois de thuya ou de cèdre et décorés à la main. À partir de 300 Dh.

Ouahbi Daoui (C C4)
→ *78, rue Souk Ahl Fes*
Tél. 061 92 91 81 Tlj. 9h-19h
Au plafond de cette jolie boutique d'angle, un firmament de lanternes traditionnelles en fer-blanc, rouillées et vernies dans les *fondouks* voisins. Prix selon la qualité du verre, à partir de 200 Dh.

Zimroda (C B4)
→ *128, rue Dar el Bacha*
Tél. 044 44 31 12
Tlj. 9h30-19h30
Pour le bonheur des chineurs, des passionnés d'antiquités et des collectionneurs de pièces rares, une foule de bijoux, d'armes, de broderies et de coffres précieux. À partir de 300 Dh.

Siwa (C B4)
→ *124, rue Dar el Bacha*
Tél. 044 39 12 41 Tlj. 8h30-13h30, 15h30-19h30
Véritables trésors berbères, coffrets ciselés, dagues ouvragées, croix du sud et lourdes parures côtoient les délicates créations de bijoux de Benhatoun Essaid. À partir de 150 Dh.

Bahja Export (C B4)
→ *84, rue Dar el Bacha*
Tél. 044 44 37 52
Tlj. 9h-19h30
Un bazar chic aux allures de caverne d'Ali Baba, fournisseur des boutiques de déco parisiennes : du service à thé aux peintures orientalistes en passant par les lanternes, la céramique et les soieries. À partir de 50 Dh.

Khalid Art gallery (C B4)
→ *14, rue Dar el Bacha*
Tél. 044 44 24 10 Tlj. 9h-19h
Tout le patrimoine du sud du Maroc à dévorer des yeux dans une galerie d'antiquités qui a tout d'un musée. Époustouflante collection de portes, tentures, céramiques, bijoux, *caftans*, tapis, manuscrits et poignards.

Trésor des Nomades (C A4)
→ *142-143, Arset Aouzal, Bab Doukkala*
Tél. 044 44 59 06 Tlj. 9h-19h
Sans enseigne, derrière une massive porte de bois, le dépôt de Mustapha Blaoui, l'adresse la plus courue des décorateurs de *riads*. Qualité et originalité au rendez-vous. Un must !

El Alaoui Moulay Ahmed (C B3)
→ *260, rue Ank Jemel, Riad Laârous Tél. 044 38 29 73 Lun.-jeu., sam. 9h-19h*
Des plateaux de table décorés d'une myriade de petits carreaux colorés, taillés par les apprentis et savamment assemblés par le *maâlem*. Le zellige, dans la grande tradition de Fès. À partir de 150 Dh.

Souk el Khemis (C C1)
→ *Tlj. 9h-20h*
Pour dénicher le meuble de ses rêves au milieu d'un extraordinaire fouillis de pièces détachées, de vêtements neufs ou d'occasion, de vaisselle usagée et d'objets insolites. Les puces, les vraies !

Chez Brahim (C E4)
→ *141 rue Bab Debbagh*
Tlj. 9h-20h
On pourrait passer sans voir Brahim, tout occupé au fond de son atelier à tailler des centaines de babouches, de sacs et de poufs, dans le relent des tanneries voisines. À partir de 35 Dh.

Kasbah / Mellah

Palais royal, mosquée et tombeaux saâdiens donnent à la Kasbah son titre de cité royale. Ânes et cyclistes se frayent un passage le long de la rue de la Kasbah, entre les jeux de ballon des gamins et les étals de menthe fraîche, puis disparaissent dans le silence des *derbs* en terre battue, où glissent quelques silhouettes furtives. À l'est, le Mellah, enclave fondée en 1558 par le souverain saâdien Moulay Abdallah, rassemble les derniers israélites de la ville. Cimetière, synagogue, boutiques de tissus, étals d'épices et modestes façades à l'air triste bordent des ruelles rectilignes, obscures et passantes.

NID'CIGOGNES

DOUIRYA

Restaurants

Snack Kasbah (D B2)
→ 74-75, rue de la Kasbah Tél. 061 55 18 61 Tlj. 12h-0h
Du carrelage jaune et noir sur deux étages, un vieux magnétophone qui hurle des airs de variétés et de jeunes serveurs à l'air jovial. Salades, poulet rôti et grillades pour rassasier les plus affamés. 20 Dh.

Nid'cigognes (D B1)
→ 60, rue de la Kasbah Face aux Tombeaux saâdiens Tél. 044 38 20 92 Tlj. 9h-21h
Peu fréquentée, une charmante terrasse étagée sous un lattis de roseaux d'où l'on observe la vie quotidienne d'une famille de cigognes qui a élu domicile dans le nid voisin. Cuisine simple et parfumée. Tajine 75 Dh.

Km 9 (D A4, hors cadre)
→ Route de l'Ourika km 9 Tél. 044 37 63 73 Mer.-lun. 12h30-15h, 19h30-1h (grand taxi : 150 Dh A / R)
En pleine campagne, ciel étoilé, pelouse et palmiers, musique *lounge* et design. Pour savourer comme un pacha les petits plats italiens de Jean-Pierre : gratins d'aubergines, raviolis au saumon et plateau de desserts. Bar-tapas et *dance-floor* pour des nuits endiablées. Menu 160 Dh.

Les jardins de la Médina (D C3)
→ 21, derb Chtouka, Kasbah Tél. 044 38 18 51 Tlj. 12h-15h, 19h30-22h30
Discrète, la porte de cette maison d'hôtes s'ouvre sur un patio magique : murs ocre, orangers, piscine et tables écrues pour se délecter d'une cuisine raffinée, qu'elle soit internationale, marocaine ou asiatique (sur commande 24h à l'avance). Menu 220 Dh.

Douirya (D C1)
→ 14, derb Jdid, Hay Essalam, Mellah Tél. 044 38 38 36 Tlj. 11h30-15h, 19h-23h
Un restaurant touristique qui sait rester intime : dans une ambiance feutrée, banquettes moelleuses et tables basses entre duo de musiciens andalous et danseuse du ventre ! Les plats traditionnels osent le mélange sucré-salé. Carte 250 Dh, menu 390 Dh.

La Rotonda (D B2)
→ 39, derb Lamnabha Accès rue la Kasbah Tél. 044 38 15 85 Mer.-lun. 19h-1h Fermé juil.-août
Dans un décor exubérant,

TRE ARTISANAL ET MAISON DU TAPIS

AUX 100 000 ÉPICES

SOUK EL KHEIR

oscillant entre baroque italien et marocain kitsch, le fin gourmet Roberto Tempo exalte le palais des gastronomes depuis bientôt 10 ans. Pour avoir le choix entre recettes héritées des "mamas" italiennes et succulentes spécialités marrakchias. Carte 300 Dh, menu 650 Dh.

L'Mimouna (D C1)
→ *47, place Qzadria (place des Ferblantiers) Tlj. 12h-14h30, 19h30-0h*
À l'ombre d'un eucalyptus centenaire, une terrasse teintée de rose, prise au piège entre le palais el Badi, la place des Ferblantiers et la silhouette de la Koutoubia ! Fines saveurs marocaines pour clientèle de luxe. Menu 500 Dh.

CAFÉS

Café Jamal (D B1)
→ *Immeuble Joseph Roux Rue Jean du Pack / av. Houmman el Fetouaki Tlj. 6h-21h*
Un café populaire où la télévision à plein volume rassemble les passionnés de football, tandis qu'imperturbables, les vieux Marocains tapent le carton. Marrakchi en diable !

Café Palais el-Badi (D C1)
→ *4, rue Touareg Berrima, Mellah Tél. 044 38 99 75 Tlj. 9h-23h*
Pour un thé ou un déjeuner sur le pouce en terrasse, sous l'œil moqueur des cigognes juchées sur les remparts du palais el-Badi. Très local malgré le palais tout proche.

Étoile du Sud (D C1)
→ *Place Sidi Hamed el Kamel / rue Riad Zitoun el Kdim Tél. 44 47 17 20 Tlj. 6h-21h*
Sur une chaise de jardin au bord du trottoir, on regarde passer marchands de menthe fraîche, bonimenteuses et revendeuses de bijoux, tout en se rassasiant d'une copieuse *harira*.

SHOPPING

Centre artisanal et maison du tapis (D B2)
→ *7, derb Baissi / rue de la Kasbah Tél. 044 38 18 53 Tlj. 9h-19h*
Loin du charme des souks, un gigantesque bazar au choix incommensurable de tapis et d'objets artisanaux. Idéal pour les acheteurs pressés. Tapis à partir de 250 Dh.

Aux 100 000 épices (D B1)
→ *57, rue de la Kasbah Tél. 044 38 16 06 Tlj. 9h-20h*
"Ici, c'est pas du Ducros." Petit clin d'œil préambule à d'intarissables explications sur les vertus des différentes épices. À condition de se glisser entre 2 groupes de touristes ! Le sachet 20 Dh.

Chez Mohammed (D B1)
→ *1, rue Bab Agnaou Tlj. 8h-21h*
Tout de sucre et de miel, *briouates, makrouts* et cornes de gazelle s'empilent sur les étagères en verre de ce petit comptoir de plein air. 15 Dh le kg.

Souk Lalla Rkia (D B1)
→ *Rue Sidi Mimoun, rue Lalla Rkia Tlj. 8h-21h*
Machines à coudre, Mobylette, hi-fi, ferraille, meubles, vieilles photos et vêtements dans ce pittoresque marché aux puces. Ambiance et éclectisme garantis.

Souk el Kheir (D C1)
→ *Av. Houmman el Fetouaki Tlj. 8h30-13h, 15h-19h30 sauf fêtes religieuses*
Une forte odeur de poulailler, un infernal caquètement de volailles, des étalages de viande sanguinolente et des monticules de fruits et de légumes dans les allées de ce marché couvert.

Chez Mohammed (D C1)
→ *30, place Qzadria (place des Ferblantiers) Tél. 044 37 66 89 Lun.-sam. 9h-19h*
Un modeste artisan ferblantier au talent remarquable : il fabrique à même le sol, lustres, lanternes et appliques en cuivre et en fer-blanc. À partir de 40 Dh.

Isaac Dahan (D B1)
→ *38, Sagha (souk des Bijoutiers), Mellah Tél. 044 38 33 10 Tlj. 9h30-13h, 15h30-19h30*
De l'or et encore de l'or ! Bijoutier de père en fils, Isaac détaille avec passion sautoirs, mains de Fatma, imitations de grandes marques et "médailles d'amour" ! 110-160 Dh le g.

Rachid et Mohammed Ben Zaïr (D C1)
→ *Allée principale de la Souikha (marché couvert), Mellah Tlj. 9h-19h*
Toute la pharmacopée berbère traditionnelle : argile blanche pour la peau, *ghassoul* pour les cheveux, écorce de noyer pour les dents, ambre et musc pour se parfumer...

Cohue à Bab Doukkala ! Paysans et voyageurs se bousculent parmi les carrioles bringuebalantes et les motocylettes pétaradantes tandis qu'aux abords de la gare routière, les vrombissements des taxis et des bus marquent la frontière entre médina et ville nouvelle. À l'extérieur des remparts, se déploie la modernité du Guéliz, ville à l'urbanisme européen tracée sous le protectorat français. Les embouteillages paralysent les larges avenues et le très long boulevard Mohammed V, qui aligne administrations, cafés et boutiques à l'occidentale.

SINDIBAD

AL JAWDA PLUS

RESTAURANTS

Sindibad (E C3)
→ *3, bd Mohammed V*
Tél. 044 43 01 36
Tlj. 24h/24
À toute heure du jour et de la nuit, entre klaxons de voitures et vieux tubes de musique *chaâbi*, un accueil chaleureux pour une cuisine populaire : tajines, couscous, *tangias, hariras* et grillades. Plat 25 Dh.

Catanzaro (E C3)
→ *Rue Tarik Ibn Ziyad*
Tél. 044 43 37 31 Lun.-sam. 12h-15h, 19h30-23h
Le rendez-vous des blasés du tajine ! Petites tables serrées et nappes à carreaux pour pizzas au feu de bois, lasagnes, cannellonis, tagliatelles aux calamars, poissons en papillotes et tiramisu. Carte 100 Dh.

Rôtisserie de la Paix (E B4)
→ *68, rue de Yougoslavie*
Tél. 044 43 31 18
Tlj. 12h-15h, 19h-23h
En été, un charmant jardin fleuri de bougainvilliers et d'hibiscus. Succulentes grillades cuites au feu de bois et salades variées à déguster à l'ombre de petits parasols rouges. Menu 150 Dh.

Bagatelle (E B4)
→ *101, rue de Yougoslavie*
Tél. 044 43 02 74 Jeu.-mar. 12h-15h, 19h30-23h
La vraie cuisine familiale française aux accents du terroir. Pour se régaler de langue de veau ravigote, terrine de pintade maison et boudin blanc aux pommes dans la salle à manger rétro ou sous les pampres de la vigne. Carte 150 Dh.

Al fassia (E D4)
→ *232, bd Mohammed V*
Tél. 044 43 40 60
Tlj. 12h-14h30, 20h-0h
À "la femme de Fès", grande gastronomie fassie à la hauteur de sa réputation, servie par de charmantes Marrakchias. Pastilla aux pigeons, tajine d'agneau à la courge caramélisée et salade d'oranges à la cannelle. Carte 300 Dh.

La Trattoria (E B3)
→ *179, rue Mohammed el Beqal Tél. 044 43 26 41 Lun.-sam. 19h30-23h*
Dans le décor théâtral d'une maison années 1920, toutes les saveurs de l'Italie, du *carpaccio* de poisson aux *tortellone alla fiorentina* en passant par les *antipasti misto* et le saint-pierre au basilic. Carte 350 Dh.

HÈLE BACCONIER

ATIKA

SCÈNES DE LIN

SALONS DE THÉ

Al Jawda plus (E B3)
→ *Pâtisserie : 11, rue de la Liberté Tél. 044 43 38 97*
→ *Salon de thé : 84, bd Mohammed V Tél. 044 43 46 62 Tlj. 8h-20h30*
"Le prix attire la clientèle et la qualité la retient !" Une devise non usurpée pour cette pâtisserie de renom où les *fekas* à la crème fraîche laissent sans voix ! Le kilo 140 Dh.

Amandine (E B3)
→ *177, rue Mohammed el Beqal Tél. 044 44 96 12 Tlj. 7h-13h, 16h-21h*
Dans une rue silencieuse, un discret salon de thé où les Marocains viennent courtiser leurs belles. On y appréciera l'éloquente "bombe d'amour" ou les succulentes pâtisseries traditionnelles. Thé 10 Dh.

Michèle Bacconier (E C3)
→ *6, rue du Vieux Marrakchi Tél. 044 44 91 78 Lun.-sam. 9h-19h30, dim. 9h-12h30*
Chic et raffinement dans ce salon de thé-boutique tout en transparences roses et pourpres. Pour un thé ou une salade légère parmi des objets chinés en Orient et des vêtements créés par Michèle. Thé 20 Dh.

HAMMAMS

Pour se faire une peau de pêche, se munir d'un gant de gommage, d'un tapis et de chaussures en plastique (on pourra les acheter dans les souks).

Hammam Dar el Bacha (E F4)
→ *20, rue Fatima-Zohra Hommes : tlj. 6h-12h, 19h-22h / femmes : tlj. 12h-19h*
Le plus célèbre hammam de la ville avec sa coupole de 6 m de haut et ses vastes salles froide, tiède et chaude. Gommage 30 Dh.

Hammam Salama (E D2)
→ *Av. Moulay Abdallah Face au marché aux dattes Tlj. 6h-22h*
Deux ailes séparées, l'une pour les hommes, l'autre pour les femmes, dans ce petit hammam de quartier. Massage et gommage 65 Dh.

CULTURE

Le Colisée (E B3)
→ *Bd Mohammed Zerktouni Tél. 044 44 88 93 Tlj. 15h, 19h, 21h*
"Le" cinéma de Marrakech avec sa belle salle à l'ancienne et son balcon tapissé de velours rouge. Climatisé. Projection de films récents. 35 Dh.

Institut culturel français (E A2 hors cadre)
→ *Route de Targa Tél. 044 44 69 30*
Théâtre, danse, photographie, cinéma, concerts, conférences et rencontres... Une programmation riche et éclectique dans la magie d'un amphithéâtre en plein air.

SHOPPING

Librairie ACR (E B3)
→ *55, bd Mohammed Zerktouni, résidence Tayeb Tél. 044 44 67 92 Lun.-sam. 9h-12h30, 15h-19h30*
Art-Création-Réalisation, éditeur marocain, spécialisé dans les beaux livres sur l'art, la culture, la cuisine et la décoration. Joli choix d'affiches et de cartes postales.

Place Vendôme (E C3)
→ *141, bd Mohammed V Tél. 044 43 52 63 Lun.-sam. 9h-12h30, 15h-19h30*
Des coupes très mode dans un cuir marocain de qualité. Pantalons, vestes, robes, sacs et ceintures de toutes formes et toutes couleurs, à des prix incomparables.

Atika (E C3)
→ *34, rue de la Liberté Tél. 044 43 64 09 Lun.-sam. 9h-12h30, 15h-19h30*
Tout le chic de la chaussure italienne ! Une impressionnante collection de copies en cuir marocain, confortables, classiques ou plus en vogue. Pour tous les pieds, à partir de 290 Dh.

Scènes de lin (E C3)
→ *70, rue de la Liberté Tél. 044 43 61 08 Lun.-sam. 9h-12h30, 15h-19h30*
Dans le délicieux show-room d'Anne-Marie Chaoui, la décoratrice du Tout-Marrakech, textiles et linge de maison brodés à l'atelier et meubles et objets de designers. Prix haut de gamme.

La maison de Bali (E B3)
→ *165, bd Mohammed V Tél. 044 43 63 12 Lun.-sam. 9h-12h30, 15h-19h30*
Une enseigne de meubles indonésiens qui accueille aussi dans son arrière-boutique les jeunes talents marocains : stylistes, créateurs de bijoux et sculpteurs.

Le comptoir des pâtes (E C3)
→ *Marché central du Guéliz Lun.-jeu., sam. 8h30-13h30, 16h-19h*
Un petit comptoir qui fleure bon l'Italie pour emporter polentas, raviolis, lasagnes ou roulés d'aubergines.

Ancienne villégiature saisonnière des diplomates et officiels, l'Hivernage dont les élégantes villas cèdent inexorablement la place aux complexes hôteliers et aux palaces de luxe. Silencieuses, quelques berlines allemandes filent à l'appel à la prière lancé par le muezzin. Rien ne trouble le calme des jardins fleuris de bougainvilliers roses et de jacarandas mauves au parfum entêtant. À l'écart de la ville, dans un somptueux écrin d'oliviers, le majestueux réservoir de la Ménara reflète les sommets enneigés de l'Atlas, les murailles ocre rouge et l'azur éclatant du ciel.

DAR RHIZLANE

GRAND CASINO LA MAM

Restaurants

Bella Pizza (F C2)
→ *Millenium Complexe, Résidence Atlas, av. de France, face au Palais des Congrès Tél. 044 43-31-74 Tlj. 11h-15h, 18h30-23h*
Sur la prestigieuse avenue de France, une halte pour une subite envie de pizza. On oublie vite le décor aux allures de cafétéria américaine devant le choix infini de pizzas, plus savoureuses les unes que les autres. 25-50 Dh.

Aladin (F D1)
→ *9, rue Imam Chaffii Centre Kawkab Tél. 044 42 01 53 Tlj. 7h-0h*
Depuis la terrasse, une vue imprenable sur l'immense pelouse verte du stade du KCM, l'équipe de football de la ville. On s'enthousiasme de tout : du match disputé avec ardeur aux copieuses assiettes de lasagnes ou de risotto. Carte 80 Dh.

Puerto Banus (F D1)
→ *Rue Ibn Hanbal Tél. 044 44 65 34 Tlj. 11h-15h, 19h-23h*
Derrière le nom de ce petit port, synonyme de vacances pour de nombreux Marocains, une carte aux accents espagnols et aux saveurs maritimes. Salade du pêcheur, paella, crevettes à la plancha, fritures de poissons et huîtres de Oualidia. Carte 100 Dh.

Alizia (F D2)
→ *Rue Echouhada / rue Ahmed Chaouki Tél. 044 43 83 60 Tlj. 12h30-15h, 18h30-22h*
Parfum de bougainvilliers sous la pergola et jolies pièces aux murs de *tadelakt* couleur crème dans cette coquette villa. Pâtes fraîches maison, pizzas au feu de bois, osso buco et vin du pays. Carte 180 Dh.

Hôtel Es Saâdi (F D2)
→ *Av. el Quadissia Tél. 044 44 70 10 Tlj. 12h-14h30, 19h-22h30*
Dans une forêt de palmiers et d'orangers, un palace avec piscine, casino et grande table gastronomique. Pour les fins gourmets : *briouates* de foie gras au miel et vinaigre de cidre, filets de rougets en robe de courgettes et saumon rôti au tanin de Saint-Emilion. Menu 280 Dh.

L'amandier (F D2)
→ *rue Echouhada / rue de Paris Tél. 044 44 60 93 Mar.-dim. 12h30, 19h30*
Une cuisine française de haute volée à déguster

Transports et hôtels à Marrakech

Avion

Aéroport Marrakech-Ménara
→ *Tél. 044 44 78 65 / 79*
Liaison centre-ville
6 km environ
Petit taxi
→ *30-40 Dh*
Grand taxi
→ *60-100 Dh*
Bus n° 11
→ *3 Dh*
Compagnies
Air France
0820 820 820
Royal Air Maroc
0820 821 821
(en France)
0900 00 800 (au Maroc)
→ *197, bd Mohammed V*
Tél. 044 42 55 00 Lun.-ven. 8h30-12h, 14h30-19h

AÉROPORT MARRAKECH-MÉNARA

Autocars

Eurolines
Tél. 08 36 69 52 52
Paris-Marrakech (46 h)
Gare routière (E E3)
→ *Place el Mourabitène*
Tél. 044 43 39 33
Compagnie CTM
→ *Gare routière Place el Mourabitène* **(E** E3)
Tél. 044 43 44 02
→ *Bd Mohammed Zerktouni* **(E** B3)
Tél. 044 43 83 28
Compagnie Supratours (E A4)
→ *Gare ferroviaire*
Av. Hassan II
Tél. 044 43 55 25
Agadir (4h), Casablanca (3h30), Essaouira (2h30), Tanger (10 h).

Sauf indication contraire, les prix indiqués ci-dessous sont ceux d'une chambre double avec salle de bains (sdb) et petit déjeuner en haute saison.

Auberge de jeunesse

Auberge de jeunesse (E A4)
→ *Rue el Jahed*
Tél. 044 44 77 13
Confort simple et rudimentaire, à deux pas de la gare ferroviaire dans cette auberge tranquille. Carte des Auberges de jeunesse obligatoire. 14 Dh en dortoir, douche 5 Dh.

Moins de 100 Dh (10 €)

Hôtel Essaouira (A B3)
→ *3, rue Sidi Bouloukate*
Accès rue Riad Zitoun el Kdim Tél. 044 44 38 05
Un hôtel aux couleurs d'Essaouira : zelliges blanc et bleu, tentes sur la terrasse et 30 chambres rustiques mais propres où sonnent les accords de guitare des jeunes voyageurs. 80-90 Dh, douche 5 Dh, petit déj. 14 Dh.
Hôtel Médina (A B3)
→ *1, rue Sidi Bouloukate*
Accès rue Riad Zitoun el Kdim Tél. 044 44 29 97
Au cœur d'un *derb* obscur, zelliges et boiseries colorés mènent à la jolie terrasse. Minuscules chambres presque monacales. Paisible et sans histoires ! 80 Dh, douche 5 Dh, petit déj. 14 Dh.
Hôtel Chellah (A C3)
→ *14, derb Sekya*
Accès Riad Zitoun el Kdim
Tél. 044 44 29 77
Autour du patio couvert, des salons marocains transformés en dortoirs et à l'étage, une série de petites chambres dont le calme et la propreté font oublier l'accueil un peu rustre. 80 Dh, douche 5 Dh, petit déj. 14 Dh.

100-200 Dh (10-20 €)

Hôtel Central Palace (A B3)
→ *59, rue Sidi Bouloukate*
Accès rue Riad Zitoun el Kdim Tél. 044 44 02 35
Une grande fontaine au centre du patio de ce vaste *riad* restauré avec soin et tellement demandé qu'une annexe s'est ouverte à proximité. 43 chambres. 150 Dh, douches collectives.
Hôtel Souria (A B3)
→ *17, rue de la Recette*
Tél. 044 42 67 57
Insolites, un aquarium dans le patio, des animaux empaillés dans le salon et des baldaquins fleuris dans les 9 chambres. Ambiance familiale. 120 Dh, douche 10 Dh, petit déj. 14 Dh.
Hôtel Ichbilia (A B3)
→ *1, rue Bani Marine*
Tél. 044 39 04 86
Un décor vieillot à la couleur mauve passé. Malgré les couloirs un peu froids, l'accueil est sympathique et les 27 chambres, bien tenues. 120 Dh, douches collectives, petit déj. 14 Dh.
Hôtel Ali (A B3)
→ *Rue Moulay Ismail*
Tél. 044 44 49 79
L'institution des *trekkeurs*, marcheurs et autres aventuriers : circuits organisés, conseils en alpinisme, location de voitures, consignes et accès Internet... avec une superbe vue sur la place Jemaâ-el-Fna. 150 Dh.
Hôtel Farouk (E B4)
→ *66, av. Hassan II*
Tél. 044 43 19 89

GARE ROUTIÈRE BAB DOUKKALA

Tout près de la gare, sur une avenue bruyante, un hôtel un peu fatigué, aux couloirs à carreaux noir et blanc et au confort spartiate. Les propriétaires (les mêmes que ceux de l'hôtel Ali) offrent d'excellents services aux voyageurs. 150 Dh.

Hôtel Toulousain (E C3)
→ *44, rue Tarik ibn Ziad*
Tél. 044 43 00 33
Idéalement situé derrière le marché couvert du Guéliz, un bâtiment années 1950 doté de 2 patios sans charme particulier. Les 32 chambres très propres et l'accueil chaleureux séduisent les *backpackers* de passage. 190 Dh.

200-400 DH (20-40 €)

Hôtel Jnane Mogador (A C3)
→ *116, derb Sidi Bouloukate, rue Riad Zitoun el Kdim*
Tél. 044 42 63 23
Un *dar* traditionnel, entièrement refait à neuf dans le style marocain : lourdes portes en bois, fontaine délicate, patio tapissé de zelliges, terrasse dégagée et 17 chambres grand confort. 300 Dh.

Hôtel Shéhérazade (A C3)
→ *3, derb Djema*
Accès rue Riad Zitoun el Kdim
Tél. 044 42 93 05
Ravissant, ce *riad* porte bien son nom, évocateur des délices des Mille et Une Nuits. Salon marocain, coussins moelleux, tissus colorés et 19 chambres ornées de zelliges. Calme reposant et accueil charmant. 250-345 Dh.

Villa Maha
→ *Douar Abiad, Palmeraie*
Tél. 044 32 95 78
Un délice de verdure au cœur de la palmeraie ! Dans une maison d'architecte, *tadelakt* sur les murs, tentures soyeuses et grandes baies donnant sur la piscine et la pelouse. Le grand luxe à petits prix ! Location à la semaine mais possibilité de nuitée. 300 Dh.

Hôtel Gallia (A B3)
→ *30, rue de la Recette*
Tél. 044 44 59 13
Dans le patio couvert, les tortues de la maison cheminent lentement entre fleurs, bambous et bananiers. Zelliges vert et rouge, grandes chambres confortables et terrasse avec vue sur la médina. Réserver. 19 chambres. 360 Dh.

Hôtel Yasmine (E D4)
→ *Av. des Remparts / place de la Liberté*
Tél. 044 44 62 00
Un hôtel démodé qui vaut le détour pour sa situation, entre médina et ville moderne, et pour sa jolie piscine rafraîchissante, entourée d'un petit jardin fleuri. Bar et parking. 145 chambres. 400 Dh.

TRAIN

Paris-Marrakech
Paris Montparnasse-Algésiras (24h *via* Irun), bateau Algésiras-Tanger (2h de traversée), Tanger-Marrakech (9h).

Gare ferroviaire ONCF (Office national des chemins de fer) (E A4)
→ *Av. Hassan II*
Tél. 044 44 65 69
www.oncf.org.ma
Casablanca (3h), Fès (8h), Meknès (7h), Rabat (4h).

VOITURE

Paris-Marrakech
Paris-Algésiras (2 000 km *via* Bayonne et Madrid, 2 300 km *via* Barcelone), bateau Algésiras-Tanger (2h de traversée), Tanger-Marrakech (610 km).

Limitation de vitesse
Centre-ville : 40 km/h
Agglomération : 60 km/h
Route : 100 km/h

Location
Souscrire une assurance tous risques et vérifier le véhicule. Prendre un chauffeur pour les 4x4.

Beautiful Car (E B3)
→ *92, bd Zerktouni*
1er étage appartement n° 2
Tél. 044 44 899 87 / 068 96 47 15 Tlj. 24h/24

Avis (E B3)
→ *137, bd Mohammed V*
Tél. 044 43 37 27
Lun.-sam. 8h-12h, 14h-19h ; dim. 8h-12h

Europcar (E B3)
→ *63, bd Zerktouni*
Tél. 044 43 12 28
Tlj. 8h30-12h, 14h30-19h

Hertz (E B3)
→ *154, bd Mohammed V*
Tél. 044 43 13 94
Lun.-ven. 8h30-12h, 14h30-18h30 ; sam. 9h-12h, 15h18h ; dim. 9h-12h

DÉLICE BLADI

INSTRUMENTS DE MUSIQUE

MICHELINE PERRIN

entre le piano à queue, les peintures d'artistes marocains et les parterres de fleurs du jardin. Tartare de saumon, symphonie de poissons fumés, carpaccio de lotte, gratin de fruits rouges ou moelleux au chocolat... Carte 300 Dh.

Dar Rhizlane (F D2)
→ *rue Jnane el Harti*
Tél. 044 42 13 03 Tlj. sur rés. 12h30-15h, 19h-23h
Luxe, calme et... volupté dans cette somptueuse maison d'hôtes, restée très confidentielle. Au bord de la piscine, légumes et grillades à midi ou gastronomie marocaine légère en soirée. Pour un tête-à-tête romantique ! Midi 280 Dh, soir 500 Dh.

GLACIER

Green Ice (F C2)
→ *Millenium complexe, Résidence Atlas Av. de France Face au Palais des Congrès Tél. 044 43 31 74 Tlj. 6h-0h*
Vanille, fraise campino et pépites de chocolat pour la "coupe de France" ou kiwi, mangue, noix de coco et ananas pour la plus exotique "coupe tropicale". Une grosse gourmandise, avec ou sans montagne de crème chantilly !

BARS, CASINO DISCOTHÈQUE

Le Comptoir Paris-Marrakech (F D2)
→ *Av. Echouhada*
Tél. 044 43 77 02
Tlj. tapas 16h, dîner 20h, sam.-dim. brunch 12h
Entre Maroc et Orient, bois sombres, nuances aubergines et Dj's aux platines, en écho au très célèbre Comptoir qui émoustille les nuits parisiennes. "Sexy drink" (tequila-jus de gingembre) et cuisine des 4 coins du monde. Totalement branché ! Cocktail 75 Dh, plat 130 Dh.

Le Churchill (F F2)
→ *Hôtel La Mamounia*
Tél. 044 44 44 09 Tlj. 17h-1h jazz à partir de 22h sauf lun.
Presque désuet avec ses murs capitonnés de cuir et ses vieilles photos de jazzmen en noir et blanc, un piano-bar feutré pour boire un verre sur les grands classiques du jazz.

Grand Casino La Mamounia (F F2)
→ *Hôtel La Mamounia*
Tél. 044 44 41 32 Lun.-jeu. 17h-3h, ven.-dim. 15h-4h
Sous les feux de la rampe, machines à sous, roulettes anglaises, black-jack et pokers. Un vrai casino chic, tenue correcte exigée. En souhaitant que la chance soit au rendez-vous ! Jeton de machines à sous 5 Dh et jeton de jeux de tables 50 Dh.

Paradise (F B2)
→ *Hôtel Pullman Mansour Eddahbi Av. de France*
Tél. 044 44 82 22 poste : 7002 Tlj. à partir de 23h
Très en vogue, une boîte de nuit où se retrouve toute la jeunesse dorée de Marrakech. Pour danser sur des rythmes endiablés, allant du raï aux tubes internationaux. Entrée 150 Dh, consommation 80 Dh.

SHOPPING

Délice Bladi (F D1)
→ *37, av. Moulay Hassan Ier, centre Kawkab*
Tél. 044 44 93 79
Tlj. 9h-13h, 15h-19h30
Des recettes de grand-mère pour une ribambelle de petites pâtisseries marocaines d'une finesse exceptionnelle. Pâte d'amande maison, parfum de fleur d'oranger et miel du pays. À déguster sans jamais se lasser ! 140 Dh le kg.

Fabrication des instruments de musique (F F1)
→ *Moujamaâ Essenaï (ensemble artisanal) Bd Mohammed V*
Tlj. 8h-18h
Dans l'odeur de la sciure fraîche, sous l'œil du *maâlem* Boujema, de jeunes luthiers en herbe travaillent le bois et créent luths, *darboukas, jembés* et *taras*. À partir de 50 Dh.

Micheline Perrin (F F2)
→ *Hôtel La Mamounia*
Tél. 044 38 86 00
Tlj. 10h-13h, 16h-20h
Des bijoux à la beauté troublante, pièces uniques recréées à partir de précieuses collections berbères par Micheline, passionnée depuis l'enfance par la recherche d'harmonie entre un collier et un visage. Rare !

De Velasco (F F2)
→ *Hôtel La Mamounia*
Tél. 044 44 59 00
Tlj. 10h-13h, 17h-20h30
En *djellabah* et en babouches, Adolfo de Velasco, collectionneur italien chevronné, s'anime en parlant avec passion des bronzes, poteries et peintures orientalistes qui peuplent l'univers de sa galerie depuis 40 ans.

Les noms de rue et les noms de monuments et de lieux de visite sont classés par ordre alphabétique. Ils sont suivis d'un carroyage, dont la première lettre en gras **(A, B, C...)** indique le quartier et la carte correspondante.